全国职业院校城市轨道交通专业教材

城市轨道交通乘客服务
习题册

郭燕芬　主编

中国劳动社会保障出版社

简 介

本习题册是全国职业院校城市轨道交通专业教材《城市轨道交通乘客服务》的配套习题册。

本习题册根据职业院校城市轨道交通专业学生的特点，按照教材分章节编写，包括城市轨道交通乘客服务概述、城市轨道交通乘客服务工作内容、城市轨道交通乘客投诉处理、城市轨道交通乘客服务礼仪、城市轨道交通乘客服务心理，有填空题、选择题、判断题、名词解释、简答题、综合分析题等多种题型，供学生课后练习使用。本习题册配有参考答案，可通过中国技工教育网（http://jg.class.com.cn）下载。

本习题册由郭燕芬任主编。

图书在版编目(CIP)数据

城市轨道交通乘客服务习题册 / 郭燕芬主编 . -- 北京：中国劳动社会保障出版社，2021
全国职业院校城市轨道交通专业教材
ISBN 978-7-5167-4862-6

Ⅰ.①城… Ⅱ.①郭… Ⅲ.①城市铁路－旅客运输－高等职业教育－习题集 Ⅳ.①U293.22-44

中国版本图书馆 CIP 数据核字（2021）第 083037 号

中国劳动社会保障出版社出版发行
（北京市惠新东街 1 号　邮政编码：100029）
*
河北品睿印刷有限公司印刷装订　　新华书店经销

787 毫米 ×1092 毫米　16 开本　2 印张　43 千字
2021 年 6 月第 1 版　　2025 年 5 月第 7 次印刷
定价：5.00 元

营销中心电话：400-606-6496
出版社网址：http://www.class.com.cn
http://jg.class.com.cn

目　录

第一章　城市轨道交通乘客服务概述

一、填空题（将正确答案填在横线空白处）

1. 服务的________表现在顾客只在服务产生的同时得到服务，并对此进行体验，服务的生产和消费是同步的，同时，服务质量和顾客满意度来自服务人员与顾客的互动。

2. 城市轨道交通乘客服务的________表现在城市轨道交通运载量大，自动化程度高，多采用较为先进的自动控制系统。与其他公共交通方式相比，其设备和设施有着无法比拟的优势。

3. 城市轨道交通乘客服务工作是城市轨道交通运营工作的重要组成部分，是反映城市轨道交通服务质量的一个主要因素，它以实现乘客________、________、________、________出行为目的。

4. 乘客服务人员在乘客服务区应保持良好__________，言行举止要注意文明礼貌，要主动、热情地向有需要的乘客提供帮助，树立文明、热心、周到的形象。

5. 根据功能的不同，车站告示大致分为日常告示和__________。车站值班员应根据车站运营组织需要，合理安排设置相关告示，确保向乘客提供________、________的信息。

6. 除有声语言外，乘客服务人员还可以通过__________提升服务质量。

7. 为了向乘客提供高水平的服务，乘客服务人员必须熟练掌握本岗位的__________：明确自身__________，熟悉工作流程，掌握相应岗位的服务技巧，提高服务水平；熟悉紧急情况下的各种__________，确保乘客人身、财产安全。

二、选择题（将正确答案的字母填在括号内）

1. 乘客服务人员良好的沟通能力表现在细致观察乘客、积极聆听和（　　）。

　A．懂得适时提问　　B．多提问了解情况
　C．少提问尊重乘客　　D．不提问

2. 上班时间，乘客服务人员应按规定整齐统一穿着工作制服，佩戴领带、领结、肩章、工号牌、胸卡。工号牌应戴在（　　）。

　A．与右胸前口袋上沿线对齐的位置　　B．左肩膀处
　C．右肩膀处　　D．与左胸前口袋上沿线对齐的位置

3. 站厅服务人员服务乘客时要做到“四多”，即多看、多听、多巡视、（　　）。

　A．多监控　　B．多广播　　C．多联系　　D．多引导

4. 站台服务人员服务乘客时要做到“四到”，即（　　）、话到、眼到、手到。

　A．身到　　B．心到　　C．人到　　D．耳到

5．乘客服务人员回答乘客咨询时，要耐心有礼，面带微笑，不得不理睬，(　　)。

A．可以边走边回答　　B．可以边工作边回答

C．应站立或停下手中工作认真回答　　D．可以用摇头、点头等方式回答

6．城市轨道交通车站各出入口（　　）米范围内必须保持整洁，地面、墙壁及玻璃等处无乱张贴、涂写现象，无杂物堵塞通道。

A．1　　B．3　　C．5　　D．10

三、判断题（正确的在题后括号内打“√”，错误的打“×”）

1．乘客服务人员工作期间，要精神饱满，保持微笑，调整自己的情绪，避免把个人情绪带到服务岗位上。（　　）

2．乘客服务人员在岗期间化妆、发型、首饰应从简，不能佩戴夸张饰物，应保持端庄、整洁的仪容仪表。（　　）

3．乘客服务人员工作期间应使用普通话，并提供基本的英语服务，方言地区可使用方言进行服务。（　　）

4．乘客服务人员与乘客交谈或使用人工广播时，必须使用“十字文明服务用语”，即“您好、请、谢谢、对不起、再见”。（　　）

5．乘客服务人员处理乘客违章事宜时要态度和蔼，得理让人，不得讲斗气、噎人、训斥、顶撞的话。（　　）

6．乘客服务人员在岗时要专心认真工作，不做与岗位无关的事情，但能看与岗位相关的书报，提高工作技能。（　　）

7．乘客服务人员工作期间，票亭、监控亭、车站控制室内物品按规定摆放整齐，台面无杂物、积尘，亭壁、玻璃干净，无污渍、油渍、胶渍和违规张贴物等，工作人员的水杯要按规定放于台面角落。（　　）

8．维修、保洁、稽查等人员在乘客服务区工作时，如遇乘客咨询，应以“您好”开始，询问乘客有什么需要帮忙，尽力解答乘客疑问。如果遇到不能解决的问题，可以不回答。（　　）

四、名词解释

1．服务

2．城市轨道交通乘客服务

五、简答题

1．城市轨道交通乘客服务的主要内容是什么？

2．简述城市轨道交通乘客服务的要求。

3．城市轨道交通乘客服务人员必须达到的素质要求是什么？

4．城市轨道交通乘客服务工作标准包括哪些方面？

六、综合分析题

1．仔细观察图 1–1、图 1–2 中票亭岗服务人员的工作情况，回答以下问题：

图 1–1

图 1–2

（1）图 1–1、图 1–2 中的两位乘客服务人员，哪位展示了正确的票亭岗服务形体标准？判断的依据是什么？

（2）站厅巡视岗、站台岗服务人员的服务形体标准是什么？

（3）车站控制室服务人员的服务形体标准是什么？

2．语言是为乘客服务的重要工具。得体的语言会使乘客倍感亲切，反之则会使乘客感到生疏、不悦甚至愤怒。请根据以下情境写出规范的服务用语。

（1）列车进站前及进站时

（2）乘客越出黄色安全线时

（3）小孩儿在站台上追逐、奔跑、打闹时

（4）列车到站停稳、车门打开时

（5）列车将要关车门时

（6）有乘客走近（主动询问）时

（7）乘客有物品掉下轨道时

（8）某一方向列车服务终止时

（9）乘客在站内吸烟时

（10）乘客携带“三品”进站时

第二章　城市轨道交通乘客服务工作内容

一、填空题（将正确答案填在横线空白处）

1. 安全检查的工作内容主要是检查乘客及其携带的物品中是否有枪支弹药，管制刀具，易燃易爆及有放射性、毒害性等可能影响________的违禁物品，严防“________”进站，劝止携带宠物及________、________、________物品的乘客进站乘车，确保城市轨道交通运营及乘客的安全。

2. 安全检查设施设备主要有三种。一是________，主要用于检查乘客的行李物品。二是________，用于检查乘客的身体，主要检查乘客是否携带违禁物品。三是________，主要用于对乘客进行近身检查。

3. 安全检查工作要按照“________、________、________”的要求严格进行。

4. 站台候车服务是城市轨道交通乘客服务的重要组成部分，乘客服务人员要将________和服务技巧相结合，做好站台候车服务，确保站台________和乘客乘车安全。

5. 问询引导服务要求乘客服务人员密切注意车站________，要认真解答乘客问询，按________原则正确引导乘客。对自己无法回答的问询，应请教同事或引导乘客咨询其他工作人员，不得________，不得互相推诿。

6. 乘客爱心服务是“________、________”服务宗旨的体现，其工作内容主要是帮助老、幼、病、残、孕、抱婴者等特殊乘客进出站和上下车。

7. 遇有乘客求助寻人时，乘客服务人员要快速行动，根据________了解走失乘客情况，并记录、上报、协助寻找，尽力帮乘客找回走失的家人或朋友。

8. 当乘客因遗失物品向乘客服务人员求助时，或当乘客或车站工作人员拾获物品时，乘客服务人员要快速反应，按照________做好记录、上报、广播等工作，并协助寻找，尽力帮乘客找回遗失物品。

二、选择题（将正确答案的字母填在括号内）

1. 下列行为中，（　　）不属于在出入口、通道、站厅、站台、列车车厢等轨道交通区域或其他轨道交通设施内禁止的行为。

A. 追逐打闹

B. 阻止车门或站台门关闭，强行上下车

C. 擅自操作有警示标志的按钮

D．紧急状态下动用安全装置

2．车站广播引导服务是城市轨道交通车站一种重要、常见、高效的问询引导服务方式，可分为人工广播和（　　）两种。

A．自动广播　　B．对内广播　　C．对外广播　　D．定时广播

3．凡拾获涉密文件、（　　）、涉密图表等重要文件，军用、警用物品，违禁物品及其他危险物品的，拾获人或车站应及时报告公安部门或送交属地派出所处理。

A．贵重药品　　B．贵重化妆品　　C．政府文件　　D．涉密资料

4．按照规定，乘客乘车过程中，下列情况造成客运伤亡事件的，不属于全部由当事人本人负责的是（　　）。

A．攀爬围墙　　B．穿越闸机　　C．跨越栏杆　　D．乘坐扶梯摔倒

5．突发客伤事件时，乘客服务人员要快速反应，立即赶赴现场开展事件处理，特别是值班站长应在（　　）分钟内到达现场指挥事件处理。

A．2　　B．5　　C．10　　D．3

6．客伤事件发生后，现场取证、调查分析的过程中，目击证人应至少劝留（　　）名，证人尽量不为车站工作人员、当事人的亲属，或有利害关系、其他关系的人。

A．1　　B．2　　C．3　　D．4

7．城市轨道交通企业如果中断运营的时间过长，当超过（　　）分钟时，应联系地面公共交通系统，为乘客提供免费公交接驳的服务。

A．10　　B．20　　C．30　　D．40

三、判断题（正确的在题后括号内打"√"，错误的打"×"）

1．有些地方规定，一些生活类物品（如摩丝、指甲油、香水、高度白酒等）由于含有一定的挥发性物质，不可以携带进站乘车。（　　）

2．在为残障乘客提供服务时，乘客服务人员需要先征得乘客的同意。在与其进行交流的过程中，乘客服务人员不要盯着乘客残疾部位。（　　）

3．当失物找到时，乘客服务人员要协助乘客办理失物认领手续，乘客确认无误即可认领。（　　）

4．车站收到失物，如果失物为手机、衣物、家庭用品、书籍或食物等，则放入乘客失物专用箱（柜）中保管。乘客失物专用箱（柜）由车站自行设置，并贴上专用的标签。（　　）

5．在与醉酒乘客沟通过程中，乘客服务人员应避免和乘客发生肢体接触，以免受到伤害。如果醉酒乘客有对乘客服务人员造成伤害的行为，乘客服务人员应及时躲避。（　　）

6．当突发客伤事件时，乘客服务人员必须快速到达现场，安抚受伤乘客，察看乘客伤势，对伤者进行现场救治。对于伤势较重的乘客，应尽快搬离现场，争取抢救时间。（　　）

7．当客伤事件（含晕倒、猝死）发生后，城市轨道交通企业应立即成立事件调查小组，及时、全面、准确地收集证据，按照"六不放过"原则进行调查、分析，并根据相关法律法规初步判断责任，形成事件的初步处理意见。（　　）

四、名词解释

1. 安全检查

2. 城市轨道交通综合治安事件

3. 客伤事件

4. 无过错客伤

五、简答题

1. 乘客服务人员在岗时应具备哪些问询引导服务工作技巧，才能耐心、详细地解答乘客问题，提供周到的服务？

2．如遇乘客纠纷，发生争吵或打架事件，乘客服务人员应该怎样妥善处理？

3．如遇醉酒乘客进站乘车，乘客服务人员如何根据乘客不同醉酒程度进行妥善处理？

4．发生客伤事件后，车站工作人员应根据事件性质在第一时间向有关部门报告，简述客伤事件报告的内容。

六、综合分析题

1．安全检查事关城市轨道交通安全，乘客服务人员在岗期间要文明值岗，态度和蔼，遇事讲究方式方法，做到以理服人，有技巧地处理常见问题，确保万无一失。请回答下面三种情况的安检服务过程。

（1）发现乘客携带超长、超大、超重物品时

（2）发现乘客包内有违禁物品时

（3）出现客流高峰时

2. 城市轨道交通车站特别重视老、幼、病、残、孕、抱婴者等特殊乘客的出行服务，简述应如何为以下乘客提供有针对性的爱心服务。

（1）老年乘客

（2）年幼乘客

（3）身体不适乘客

（4）残障乘客

3．图 2–1 是近几年城市轨道交通车站乘客受伤的原因统计图，以及受伤乘客的年龄分布图，根据图片回答以下问题。

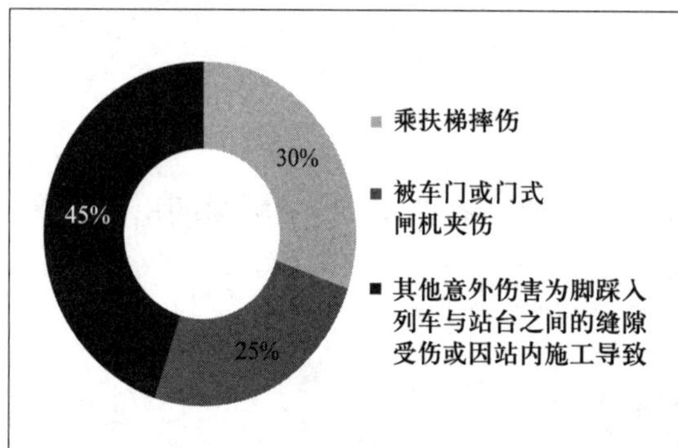

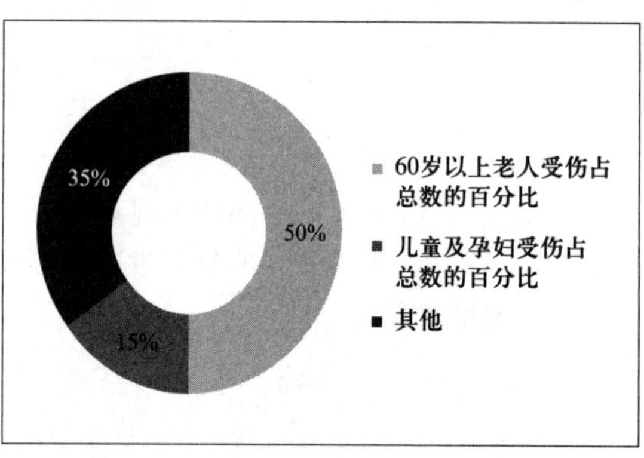

图 2–1

（1）从近几年城市轨道交通车站乘客受伤情况统计来看，乘客受伤的主要原因是什么？

（2）受伤乘客的年龄分布情况是怎样的？

（3）为了有效防范客伤事件的发生，乘客服务人员要做好哪些方面的工作？

第三章　城市轨道交通乘客投诉处理

一、填空题（将正确答案填在横线空白处）

1．按照城市轨道交通企业____________，一般可将乘客投诉分为有责乘客投诉和无责乘客投诉两大类。

2．按照乘客所投诉事件的性质不同及____________，可将有责乘客投诉分为一类有责乘客投诉、二类有责乘客投诉和三类有责乘客投诉。

3．乘客投诉的调查处理要及时、客观、公正，坚持以____________为主。处理乘客投诉要遵循“四不放过”原则，即____________________不放过，责任人和其他员工没有受到教育不放过，没有制定防范整改措施不放过，领导责任没有追究不放过。

4．乘客投诉时，往往心情不悦，容易受情绪影响。此时，乘客服务人员应该先关注____________，让乘客先平息怒气，然后再想办法帮助乘客解决问题。

5．乘客投诉的原因有很多，有些属于乘客自身原因，有些属于企业的原因。要想消除乘客的不满，就必须找到引起____________的原因。

6．一般来说，乘客在投诉之前就已经产生了____________，它会随着时间推移变成显性的抱怨，而显性的抱怨作为投诉的一种形式，很有可能会转化为正式投诉。

7．城市轨道交通车站的____________是乘客投诉的主要受理者，乘客投诉的处理一般要经过____________、____________、____________、____________四个阶段。

8．乘客投诉情况各异，处理乘客投诉的方法也不是一成不变的。但是，处理乘客投诉一般有以下四个通行的原则：____________________，____________，____________________，____________。

二、选择题（将正确答案的字母填在括号内）

1．下列选项中，不属于书面投诉的是（　　）。

A．通过意见箱投诉　　B．通过信函投诉

C．通过电子邮件投诉　　D．到客服中心面谈投诉

2．接到乘客求助（　　）分钟内未能赶赴现场的情况属于一类有责乘客投诉。

A．3　　B．5　　C．6　　D．8

3．以下情况引起的乘客投诉不列为一类有责乘客投诉的是（　　）。

A．服务中未能运用服务知识与技巧　　B．未及时放置警示牌，误导乘客

C．未主动维持乘客购票和候车秩序　　D．未及时疏导乘客，造成拥挤

4. 提前关站或延误开站，时间在（　　）分钟以内的情况属于二类乘客投诉。

A. 3　　B. 5　　C. 6　　D. 10

5. 以下情况引起的乘客投诉不列为二类有责乘客投诉的是（　　）。

A. 车站公告栏内容与实际运营情况不符

B. 与乘客发生争执、拉扯等行为

C. 列车清客时，未做好广播及解释工作

D. 末班车未提前做好广播

6. 以下情况引起的乘客投诉不列为三类有责乘客投诉的是（　　）。

A. 对乘客有推、拉、打、踢等粗暴行为

B. 讥笑、谩骂乘客，讲有辱乘客自尊心和人格的话

C. 捉弄、欺瞒乘客

D. 提前关站或延迟开站，时间达 8 分钟及以上

三、判断题（正确的在题后括号内打“√”，错误的打“×”）

1. 找错钱、卖错票，金额在 10 元以下的情况属于二类有责乘客投诉。（　　）

2. 乘客服务人员工作效率太低，乘客无法忍受，因此大发脾气并进行了投诉，这是有责乘客投诉。（　　）

3. 乘客的投诉大多尖锐、直接、不留情面，是“烫手的山芋”，最好不要发生。（　　）

4. 通常，城市轨道交通企业会设立服务总台专门受理乘客的各种投诉，服务总台接到乘客投诉时应在乘客事务记录本上如实记录，在接到乘客投诉 10 天内必须将处理结果告知乘客。（　　）

5. 城市轨道交通企业要定期总结分析乘客投诉案例，了解乘客的服务需求，分析服务工作的不足之处，从规章制度、人员素质、设施设备、沟通反馈等方面入手，制定针对性整改措施，提升服务水平。（　　）

6. 当发现乘客的某些行为违反规定时，乘客服务人员只要给予乘客善意的提醒即可，要懂得体谅乘客，避免让乘客处于难堪的状况。（　　）

7. 当乘客抱怨或投诉时，无论是否为乘客服务人员的责任，乘客服务人员都要诚恳地向乘客道歉，并对乘客提出问题表示感谢。（　　）

四、名词解释

1. 乘客投诉

2．有责乘客投诉

3．无责乘客投诉

五、简答题

1．乘客投诉的原因有很多，有些属于乘客自身原因，有些属于企业的原因，请列举属于企业的原因。

2．城市轨道交通企业要学会正确处理乘客投诉，维护企业形象，简述有效处理乘客投诉的意义。

3. 乘客投诉处理技巧中，倾听乘客的投诉不仅能了解整个事件的经过，而且能在一定程度上化解乘客的不良情绪，简述用心倾听乘客投诉需要注意的问题。

4. 在协商解决乘客投诉时，乘客服务人员首先要弄清楚乘客投诉和抱怨的原因，了解乘客的想法，具体的做法是什么？

六、综合分析题

请认真阅读案例内容，根据乘客投诉处理的原则和技巧对案例进行分析，诠释如何妥善处理乘客投诉。

1. 一天，两名成年人抱着两个大纸箱进入某地铁车站，工作人员询问得知，纸箱内装着家用电器。工作人员礼貌地提醒："先生您好，为了您和其他人的安全，按规定我们不能让您进站。"乘客不理解，不满地说："为什么不可以，新买的家用电器能有什么危险？"乘客认为工作人员故意为难他，与其发生争执并进行了投诉。

（1）乘客投诉受理

（2）乘客投诉调查

（3）乘客投诉化解

（4）服务改进（服务建议）

2. 某日两名乘客持同一张一卡通进站，一名乘客刷卡进站后，把一卡通给了另外一名乘客，另外一名乘客无法刷卡进站。因客流量较多，该站票务员没有问清原因，直接对一卡通进行了进站更新，另外一名乘客也顺利进站，但出站时被乘客服务人员发现，要求其补票。乘客不满意，认为已经刷过两次并扣完钱了，坚持不肯补票，乘客服务人员则主观臆断他们违规使用车票，故意逃票。双方发生争执，乘客因此进行了投诉。

（1）乘客投诉受理

（2）乘客投诉调查

（3）乘客投诉化解

（4）服务改进（服务建议）

3. 某日客流高峰期间，地铁站内的候车乘客非常多，车门即将关闭的提示音已经响起，一位乘客企图冲上车，被乘客服务人员拦住了（因为乘客服务人员觉得很危险，拽了这位乘客一下，可能弄疼了乘客）。这位乘客非常气愤，对乘客服务人员说："你以为你是谁啊？你凭什么拉我？弄伤了你负责吗？"乘客服务人员态度也不是很好："你没看见车门关上了呀？"两个人争吵了起来，乘客因此进行了投诉。

（1）乘客投诉受理

（2）乘客投诉调查

（3）乘客投诉化解

（4）服务改进（服务建议）

第四章　城市轨道交通乘客服务礼仪

一、填空题（将正确答案填在横线空白处）

1. 服饰穿戴要遵循________、________、________原则，与外部环境相协调。

2. 目光的凝视区域根据交往对象不同，分为______________、______________、______________三种。

3. 正装衬衫应为纯色，以浅色为主，白色最常用。衬衫领口应挺括、洁净，衬衫衣领高于西服衣领__________左右。

4. 乘客服务人员工作时不得佩戴两枚以上直径超过____________的戒指。

5. 女性乘客服务人员的帽檐应在额头____________处，不露出刘海，两侧耳际无发，发花与后侧帽子边沿相贴合。

6. ________是日常生活和交际场合中常用的人际语言。

7. 灿烂的微笑是嘴角肌和颧骨肌同时运动，露出牙齿，一般以露出______颗牙齿为宜。

8. 蹲姿分为__________________和_________________两种。

二、选择题（将正确答案的字母填在括号内）

1. 礼仪是人们在社会交往活动中，为了相互尊重，在仪容、仪表、仪态、言谈举止等方面（　　）的行为规范。

A. 约定俗成、共同认可　　B. 不约而同

C. 提前商量　　D. 我行我素

2. 城市轨道交通乘客服务礼仪主要指城市轨道交通乘客服务人员在工作岗位上通过（　　）对服务对象表示尊重和友好的行为规范。

A. 服务质量　　B. 言谈举止

C. 服务态度　　D. 文明用语

3.（　　）是一种无声的礼仪，有一种无形的魅力。

A. 服饰　　B. 行为举止

C. 表情　　D. 文化水平

4. 单排 2 粒扣西服应（　　）。

A. 扣下方 1 粒纽扣　　B. 扣上方 1 粒纽扣

C. 不扣纽扣　　D. 扣 2 粒纽扣

5. 正坐式坐姿要求双腿并拢，上身挺直落座，两脚两膝并拢，两手搭放在双腿上至大腿部的（　　）处。

A．1/2　　B．3/2　　C．3/4　　D．1/3

6.（　　）凝视区域为以双眼为上线，以唇心为下顶角的倒三角区。

A．亲密　　B．公务　　C．平视　　D．社交

三、判断题（正确的在题后括号内打“√”，错误的打“×”）

1．女性乘客服务人员的发饰只宜选择黑色且无花色图案的发卡。（　　）

2．为了保持妆容的完整，乘客服务人员可在值班时人少的时候补妆。（　　）

3．为了个人形象，男性乘客服务人员可留胡须，但必须进行修整，不可杂乱无序。（　　）

4．陪同引领乘客时，应遵循“以右为尊”的原则，乘客服务人员应走在乘客的左侧。（　　）

5．在与乘客交谈时，为表示对乘客的重视，乘客服务人员应长时间注视乘客并与之交流。（　　）

6．为提高工作效率，当有乘客问询时，乘客服务人员可一边埋头工作，一边与乘客交流。（　　）

7．乘客服务人员讲话应清楚，注意声音的大小和讲话的速度，避免声音过大、速度太快或太慢。（　　）

8．乘客服务人员站立时不可以东倒西歪、歪头驼背、衣衫不整、勾肩搭背，但是站立时间较长后，可以倚靠墙和设备或双手交叉抱胸、插在口袋内进行休息调整。（　　）

四、名词解释

1．礼仪

2．仪态

五、简答题

1．站姿的要领有哪些？

2. 化妆的原则有哪些?

3. 穿着制服的注意事项有哪些?

4. 简述城市轨道交通乘客服务礼仪的作用。

六、综合分析题

1. 小黄经过层层选拔，获得了一家城市轨道交通企业总经理助理的面试机会。为确保万无一失，她做了精心的打扮：一身前卫的衣服、时尚的手环、造型独特的戒指、亮闪闪的项链、新潮的耳坠，身上每一处都是焦点，简直是无与伦比、鹤立鸡群。她的对手只是一个相貌平平的女孩，学历也并不比她高，所以小黄觉得胜券在握。但结果却出乎意料，她并没有被这家企业所认可。主考官抱歉地说：“你确实很漂亮，你的服装、配饰无不令我赏心悦目，可我觉得你并不适合干助理这份工作。实在很抱歉。”

结合案例进行分析：小黄这次面试失败的主要原因是什么?

2. 一名外地盲人乘客坐火车到某市后，其亲戚因故没能来接她。她在列车员的护送下来到地铁站，向车站的乘客服务人员说明情况，表示只要将她送上地铁列车就可以。但乘客服务人员表示“我们没这个义务”，拒绝了她的要求。

（1）根据案例，分析这名乘客服务人员存在的问题。

（2）乘客服务人员面对乘客应该如何做好服务工作?

第五章　城市轨道交通乘客服务心理

一、填空题（将正确答案填在横线空白处）

1. 心理是指人的__________及活动的规律，____________是大脑反映客观世界的过程。

2. 根据心理过程的性质和形态不同，心理过程分为___________、情绪情感过程和__________三个不同的侧面。

3. 个性心理是指在一定社会条件下的个人所具有的意识倾向，以及经常出现的、较稳定的心理特征的总和。它包括____________和______________两个方面。

4. 需要与________是推动人们从事活动的动力和源泉。

5. 关于心理需要理论最著名的是马斯洛的__________________，马斯洛根据需要出现的____________________顺序把需要分为七个层次，分别是生理需要、安全需要、归属和爱的需要、尊重需要、求知需要、审美需要、自我实现需要，其中位于底层的四种需要被称为______________，后三种需要被称为______________。

6. ________是为了实现某个特定目标，由两个或两个以上相互作用、相互依赖的个体组成的具有相对稳定关系的集合。____________是群体成员之间在相互作用、相互影响下形成的心理活动，其显著特征是共有性、界限性和动态性，主要表现为以下四方面：社会助长和社会抑制、社会懈怠、去个体化、________。

7. 研究乘客心理能够帮助乘客服务人员更好地提供让乘客满意的服务，其作用主要体现在提高乘客服务的__________、___________和___________。

8. 城市轨道交通乘客的心理需要是形形色色、千差万别的，但是乘客追求__________、__________、________、________、________、__________等方面的心理需要则是共同的。

二、选择题（将正确答案的字母填在括号内）

1. 下列不属于我国的心理研究的是（　　）。

   A. 孔子主张“性相近也，习相远也”

   B. 孟子主张“人无有不善，水无有不下”

   C. 荀子主张“人之性恶，其善者伪也”

   D. 墨子主张“兼爱，非攻”

2. 认知过程是指人通过感觉器官和大脑对客观事物的现象和本质进行反映的心理活动过程，包括感觉、知觉、记忆、思维、（　　）等心理现象。

A．想象　　　　B．动机　　　　C．目的　　　　D．行动

3．个性意识倾向是指人进行活动的基本动力，是个性心理中最活跃的因素，表现在对认知对象和活动对象的趋向和选择上，主要包括需要、动机、兴趣、爱好、理想、信念、（　　）等。

A．世界观　　　　B．能力　　　　C．气质　　　　D．性格

4．（　　）是人们有意识地提出目标、制订计划、选择方式方法、克服困难，以达到预期目的的内部心理活动过程。

A．认知过程　　　　B．情绪过程　　　　C．意志过程　　　　D．感知过程

5．根据研究，城市轨道交通环境中的广播声音不宜过大，当声音超过（　　）dB 时，乘客就会产生一种不适的触压觉和痛觉。因此，乘客服务人员在使用广播时要注意音量的大小，尽可能给乘客一个温和、美妙的广播声音。

A．120　　　　B．150　　　　C．160　　　　D．140

6．乘客通过感知乘客服务人员不同的（　　）变化，可以了解乘客服务人员的思想、情感和心理活动，也可以了解乘客服务人员的情绪、心境和服务态度。

A．服饰　　　　B．表情　　　　C．装束　　　　D．发型

7．（　　）的乘客性格急躁，对人热情，情感外露，说话直率而快速，言谈中表现自信。对这类乘客，乘客服务人员要注意言谈举止谦让，对其有时不顾后果的冲动言行不要计较。一旦产生矛盾，要尽量回避，不要激怒他们。同时，还要随时贴心地提醒他们不要乱扔、乱放东西，以免遗失。

A．多血质　　　　B．抑郁质　　　　C．胆汁质　　　　D．黏液质

8．（　　）的乘客情感很少向外流露，心里有事一般不愿对别人讲，宁愿自己想。乘客服务人员要尊重他们，对他们讲话要清楚明了，和蔼可亲。

A．多血质　　　　B．抑郁质　　　　C．胆汁质　　　　D．黏液质

三、判断题（正确的在题后括号内打“√”，错误的打“×”）

1．能力是顺利、有效地完成某种活动所必须具备的生理和心理条件，是个体的一种心理特征。能力直接影响人的活动效率和效果。根据能力影响的活动领域的不同，可将能力分为认知能力、操作能力、创造能力与社交能力。（　　）

2．气质是心理活动表现在强度、速度、稳定性和灵活性等动力性质方面的心理特征，多血质的人情绪易激动，反应迅速，行动敏捷，暴躁而有力。（　　）

3．社会抑制也叫社会惰化，是指当人们从事可叠加性的工作任务时，随着群体规模的加大，个体的努力程度倾向于下降的现象。（　　）

4．乘客服务工作需要乘客服务人员主动、勤快，但如果乘客服务人员提供的服务不是乘客所需要的，结果便会事与愿违，所以，乘客服务工作不一定是越主动越好，越勤快越好，而是要有针对性。（　　）

5．尊重需要是乘客对城市轨道交通最关切、最基本的需要。（　　）

6．舒适需要是乘客对城市轨道交通最普遍、最常见的心理需要。（　　）

7．对颜色的感知是人重要的心理现象之一，把城市轨道交通建筑空间布置得更加合理、美观，创造更佳的地下空间，使人们能更方便地使用城市轨道交通工具。（　　）

8. 服务行业本身的特点和性质，客观上决定了城市轨道交通乘客服务中客我之间存在着不平等。因此，乘客服务人员对自身的工作要有正确的认识，要树立正确的工作观和挫折观，正确、冷静地对待各种乘客的要求，尽量满足乘客的合理要求。（　　）

四、名词解释

1. 兴趣

2. 气质

3. 从众

4. 心理修养

五、简答题

1. 简述良好心理修养对乘客服务人员及其工作的意义。

2. 简述乘客服务人员应具备的心理修养。

3．简述提高乘客服务人员心理修养的策略。

六、综合分析题

不同性格的乘客对服务的需求也有所不同，只有准确判断乘客性格特点，采取适当的服务措施，才能实现更好的服务效果。请分析以下性格类型乘客的特点，并为其提供针对性的服务。

（1）温和型乘客

（2）独断型乘客

（3）分析型乘客

（4）内向型乘客

（5）自我型乘客